# तुम बिन

रामेश्वर प्रसाद पाठक

Anybook

Published By

Anybook

E-mail : contactanybook@gmail.com

Website : www.anybook.org

Price in India : 250/- INR

First published by Anybook in 2025



Printed and bound in India

Cover, Design & Typesetting by Anybook

ISBN : 978-93-91571-96-2

# लेखकीय अभिव्यक्ति

नमस्कार,

मेरी यह पुस्तक उन सब के लिए हैं जिन्हें पढ़ने का शौक है, जिन्हें कविताओं और शेरो-शायरी में विशेष रूचि है और जो साहित्य की ओर झुकाव रखते हैं। यूँ तो मैं कोई प्रशिक्षित या प्रोफेशनल लेखक नहीं हूँ, परन्तु जब मुझे लगा की मेरे मन में ऐसे बहुत से विचार हैं जिन्हें शब्दों में ढाला जाना चाहिए तो मैंने कलम का हाथ थामा। और कुछ दूर उसके साथ चला।

मेरे मन में कविताओं के प्रति रूचि कब जाग्रत हुई, यह तो ठीक-ठीक याद नहीं, पर ये झुकाव मुझमें लड़कपन के दिनों से ही रहा है। मेरी पहली रचना 'ईमान', मैंने स्कूल के दिनों में ही लिखी थी, जब मैं इंटरमीडिएट (११वीं) में था। जवानी के दिनों में तो अक्सर कवि सम्मेलनों और मुशायरों को देखने जाया करता था और कवियों की रचना सुन कर मन में प्रसन्नता का अनुभव करता था। ऐसे में मुझे साथ मिला श्री डी. डी. शुक्ला का, जो दफ्तर में मेरे सहकर्मी हुआ करते थे। वैसे शुक्ला जी सिर्फ मेरे सहकर्मी ही नहीं थे, बल्कि दूर के रिश्ते में मेरे भांजे भी लगते थे। पर हम दोनों के बीच मामा-भांजे के रिश्ते से कहीं अधिक, एक गहरी मित्रता थी। और इसकी सबसे बड़ी वजह थी हमारी सामान रुचियाँ - कविताएं व् साहित्य। शुक्ला जी को भी कविताओं और शेरो-शायरी का बड़ा बहुत शौक था, और हम अक्सर उसी विषय पे चर्चा किया करते थे। जब उन्हें ज्ञात हुआ की मुझमें कविताएँ-शेर लिखने की क्षमता है, तो उन्होंने ही मुझे लिखने के लिए प्रेरित किया। हालांकि घर-ग्रहस्ती और नौकरी के चलते लेखन को समय दे पाना कठिन था, पर मैंने जैसे-तैसे लिखना आरम्भ किया। और इसका पूर्ण श्रेय श्री डी. डी. शुक्ला को ही जाता है। वे अब इस दुनियां में नहीं हैं पर मैं उन्हें अब भी याद करता हूँ।

मैं अक्सर अपने विचारों और भावनाओं को कविता और शेरों के रूप में अपनी डायरी में लिखा करता था और इसके साथ-साथ कई और प्रसिद्द हस्तियों की रचनाओं का संग्रह भी करता रहा। हालाँकि किन्ही कारणों के चलते मैं बहुत अधिक समय तक

अपना यह लेखन का सफर जारी नहीं रख पाया, किन्तु अपनी लिखी कविताओं और अन्य कवियों के संग्रह को हमेशा एक पूंजी की तरह संभाल कर रखा।

अब अपनी लिखी हुई रचनाओं और यादों को एक किताब का रूप दे रहा हूँ। यह एक प्रयास है अपनी भावनाएं और विचारों को अपने द्वारा लिखी गयी चंद कविताओं, शेरों और गीतों के माध्यम से पाठकों तक पहुँचाने का। आशा करता हूँ कि आपको मेरी लिखी हुई रचनायें पसंद आएँगी।

धन्यवाद

***रामेश्वर प्रसाद पाठक***

# समर्पण

**उन नयन दीपों को समर्पित, जो मेरी आत्मा के पहले प्रकाश थे।**

इस पुस्तक के प्रत्येक शब्द, हर कविता की लय उस स्त्री के चरणों में समर्पित है, जिनकी ममता, संस्कार और उपस्थिति मेरे जीवन की सबसे उजली प्रेरणा रही हैं।

यह पुस्तक समर्पित है **मेरी परम पूज्या माँ श्रद्धेय श्रीमती गुजराती बाई पाठक** को, जिनके आशीर्वाद ने मेरी लेखनी को भावों की गहराई दी, और जिनकी परछाईं अब भी हर पंक्ति में स्नेह की तरह लहराती है। आपका मौन स्नेह, आपकी आत्मा की सुगंध, हर शब्द में, हर अनुभूति में समाहित है। यह कविता-संग्रह उनके चरणों में विनम्र श्रद्धांजलि है।

# स्मृति

**एक सच्चे प्रेम और अनुपम स्नेह की स्मृति में।**

यह पुस्तक एक प्रयास है **मेरी धर्मपत्नी श्रीमती पुष्पलता पाठक** और उनके निश्छल प्रेम को निरंतर स्मरण करने का।

तुम्हारे बिना जीवन अधूरा है। हर सुख में, हर उत्सव में, तुम्हारी कमी गहराई से महसूस होती है। तुम्हारा प्रेम, समर्पण, वो स्नेहिल नयनों की ठंडक—अब भी मेरी चेतना में ज्यों की त्यों बसी है।

जब यह पुस्तक खुलती है, शब्दों से पहले तुम्हारी छवि आँखों के सामने आ जाती है। मेरे द्वारा रचित इन कविताओं की हर लय, हर भाव, संभवतः जैसे तुम्हें ही पुकारते हैं। यह संग्रह नहीं, कदाचित तुम्हारी यादों का दर्पण है।

# आमुख

पिताजी की डायरी में वर्षों से संजोई गई कविताएँ, शेर, नज़्में और लेख—इन सब में जीवन की सुगंध रची-बसी हैं। वे पन्ने, जो स्याही के साथ-साथ खट्टी-मीठी-कड़वी यादों और अनुभवों के बोझ से भी भारी थे, वर्षों तक उनके पास सहेजकर रखे गए। हर बार जब वह उन्हें खोलते हैं, उनकी आँखों में पुरानी स्मृतियों की एक हल्की चमक उभर आती है —जैसे कोई बीता समय फिर से पलट आया हो।

पिताजी को साहित्य एवं लेखन में रुचि संभवतः किशोरावस्था में जागृत हो गई थी। परन्तु विचारों को पन्नो पर उतारने का निर्णय उन्होनें गृहस्त काल में लिया। वैसे लेखन उन्होंने कुछ वर्षों तक ही किया परन्तु कविताओं के प्रति उनका लगाव कई वर्षों से आज भी वैसे का वैसा ही है। शब्दों और भावों के प्रति उनका आकर्षण किसी अभ्यास का परिणाम नहीं था— बल्कि वह उनके स्वभाव में सहज रूप से समाहित था। शब्द उनके लिए केवल अभिव्यक्ति का माध्यम नहीं थे, बल्कि आत्मसंवाद का एक रास्ता थे। प्रकृति की कोई अनुभूति, समाज की कोई हलचल, या किसी व्यक्तिगत क्षण की कोई मौन भावनात्मक तरंग—हर विचार उनकी कलम तक स्वतः आ जाता था। उनकी डायरी में कोई पूर्व नियोजित अनुक्रम नहीं है, लेकिन उसमें जीवन के हर रंग बिखरे हुए हैं—कोमल प्रेम, गूढ़ चिंतन, सामाजिक अनुभव, और आत्मानुभूतियाँ। यही वह धरातल था, जहाँ से उनकी लेखनी ने अपनी पहली उड़ान भरी।

उनकी लेखनी किसी एक विधा तक सीमित नहीं थी। पिताजी की रचनाओं में प्रेम की कोमलता, वात्सल्य की निस्वार्थता, समाज और राजनीति पर एक सजग दृष्टिकोण, प्रकृति की मधुर छाया, आध्यात्मिक गहराई और जीवन के विविध रंगों पर गहन चिंतन व रस समाहित था। उनकी कविताओं में अनुभूति की सरलता थी और विचारों की गरिमा थी—वे केवल लिखते नहीं थे, जीते थे। हर शब्द, हर पंक्ति उनके जीवन-दर्शन का साक्षी था।

हालाँकि समय के साथ नौकरी और घर-गृहस्थी की जिम्मेदारियों में उलझकर पिताजी ने सक्रिय रूप से लिखना छोड़ दिया, परंतु लेखन के प्रति उनका अनुराग

कभी क्षीण नहीं हुआ। कविताएँ भले थम गई हों, लेकिन उनका मन अब भी शब्दों की लय पर धड़कता है। वे अपनी रचनाओं को पलटते समय वैसे ही जुड़ जाते हैं, जैसे कोई पुराना मित्र वर्षों बाद सामने बैठ जाए। शायद इसीलिए वे अब भी अपनी डायरी को बड़ा सहेज कर रखते हैं और कुछ विशेष अवसरों पर उसे निकालना नहीं भूलते।

समय के थपेड़ों के साथ उनकी डायरी के पन्ने पीले पड़ने लगे, स्याही धुंधली होने लगी। तब एक दिन मेरे मन में यह विचार आया—कि इससे पहले कि यह लेखनी समय के साथ धुंधली हो जाए, क्यों न इन भावनाओं को एक पुस्तक के रूप में सहेज लिया जाए? एक ऐसा संकलन, जो आने वाली पीढ़ियों के लिए स्मृति और साहित्य दोनों का संगम बने। जो ना केवल हमें और हमारी आने वाली पीढ़ी को पिताजी के विचारों से अवगत कराये, अपितु साहित्य और लेखन के प्रति हमे प्रेरित भी करे।

इस कार्य की शुरुआत आसान नहीं थी। लेकिन मेरे मित्र *पराग अग्रवाल* के मार्गदर्शन ने मुझे दिशा दी। पराग ने अपने प्रकाशन में इस पुस्तक को अस्तित्व में आने का एक बहुत ही सुगम व् सुखद अवसर प्रदान किया। उनकी टीम के सहयोगी *वीनस केसरी* ने हर छोटे-बड़े मोड़ पर मेरी निस्वार्थ सहायता की—चुपचाप, लेकिन प्रभावशाली ढंग से। इस पुस्तक के बहाने उनसे भी अच्छी मित्रता हो गयी।

इस पुस्तक में जो सौंदर्य और दृश्य कल्पना जुड़ी है, उसका पूर्ण श्रेय जाता है *श्रीमती मीनल मेहता जी* को, जिनकी मनोहारी पेंसिल स्केचेज़ और चित्रों ने इन शब्दों को छवि का रूप दिया। उनकी कला ने इन कविताओं को भाव के साथ आकार भी प्रदान किया।

इस पूरे रचनात्मक प्रयास में जिन लोगों ने धैर्य, समय और स्नेह से सहयोग किया—उन सभी का मैं हृदय से आभार व्यक्त करता हूँ। यह पुस्तक पिताजी द्वारा लिखित कविताओं का मात्र एक संग्रह नहीं, एक यात्रा है—यादों से वर्तमान तक, और वर्तमान से भविष्य तक।

सप्रेम व् आदर

*अमित पाठक*

# प्रस्तावना

मानव भावनाओं की अभिव्यक्ति का सबसे सशक्त माध्यम यदि कोई है, तो वह कविता है। और जब यह कविता एक संवेदनशील हृदय से उपजती है, तो वह केवल शब्दों का संग्रह नहीं रह जाती, बल्कि जीवन के अनुभवों का दर्पण बन जाती है। मेरे अज़ीज़ मित्र श्री रामेश्वर प्रसाद जी की यह काव्य-संग्रह ऐसी ही एक संवेदनशील और विचारशील आत्मा की अभिव्यक्ति है।

श्री रामेश्वर प्रसाद जी एक मिलनसार और आत्मीय स्वभाव के व्यक्ति हैं। हम दोनों की मुलाकात और मित्रता हैद्राबाद में SMR Vinay Hi-Lands Apartment नाम की सोसाइटी में हुई थी, जहां हम दोनो ने ज्येष्ठ नागरिक संघटन की स्थापन की और बहुत सारे सामाजिक और धार्मिक कार्यक्रम किये। वहाँ हम दोनों का साथ लगभग ८-९ बरस तक रहा, फिर मेरा वापस से ठाणे आना हो गया। पर हम आज भी एक दूसरे के संपर्क में हैं और कई विषयों पे चर्चा करते हैं। समाज की अच्छाइयों के साथ-साथ बुराइयों पर भी उनकी पैनी दृष्टि रही है, जिसे वे स्पष्ट शब्दों में व्यक्त करने से कभी नहीं चूकते। उनकी रचनाओं में एक सजग नागरिक की चिन्ताएं, एक संवेदनशील हृदय की पीड़ा और एक सच्चे साथी की स्मृतियाँ भावपूर्ण ढंग से व्यक्त होती हैं।

इस संग्रह में उन्होंने जीवन के विभिन्न रंगों को अपनी कविताओं के माध्यम से प्रस्तुत किया है—कहीं वे साथी के वियोग का दर्द बड़ी मार्मिकता से व्यक्त करते हैं, तो कहीं समाज में व्याप्त विसंगतियों पर करारा व्यंग्य करते हैं। उनकी भाषा सहज, सरल, लेकिन विचारों में अत्यंत गूढ़ और प्रभावशाली है।

श्री रामेश्वर प्रसाद जी के पुत्र श्री अमित पाठक द्वारा यह संग्रह उनके जन्मदिवस पर एक भावपूर्ण भेंट स्वरूप प्रकाशित करवाना न केवल एक पुत्र का अपने पिता के प्रति आदर-सम्मान है, बल्कि यह साहित्य और संस्कृति के प्रति उनकी पारिवारिक प्रतिबद्धता को भी दर्शाता है।

यह संग्रह निश्चित ही पाठकों को भावनाओं की एक ऐसी यात्रा पर ले जाएगा, जहाँ वे स्वयं को इन पंक्तियों में प्रतिबिंबित होता पाएँगे। मुझे विश्वास है कि यह काव्य-संग्रह हिन्दी साहित्य की दुनिया में एक मूल्यवान योगदान सिद्ध होगा।

*हणमंतराव देसाई*
*ठाणे*

Meenal

# अनुक्रम

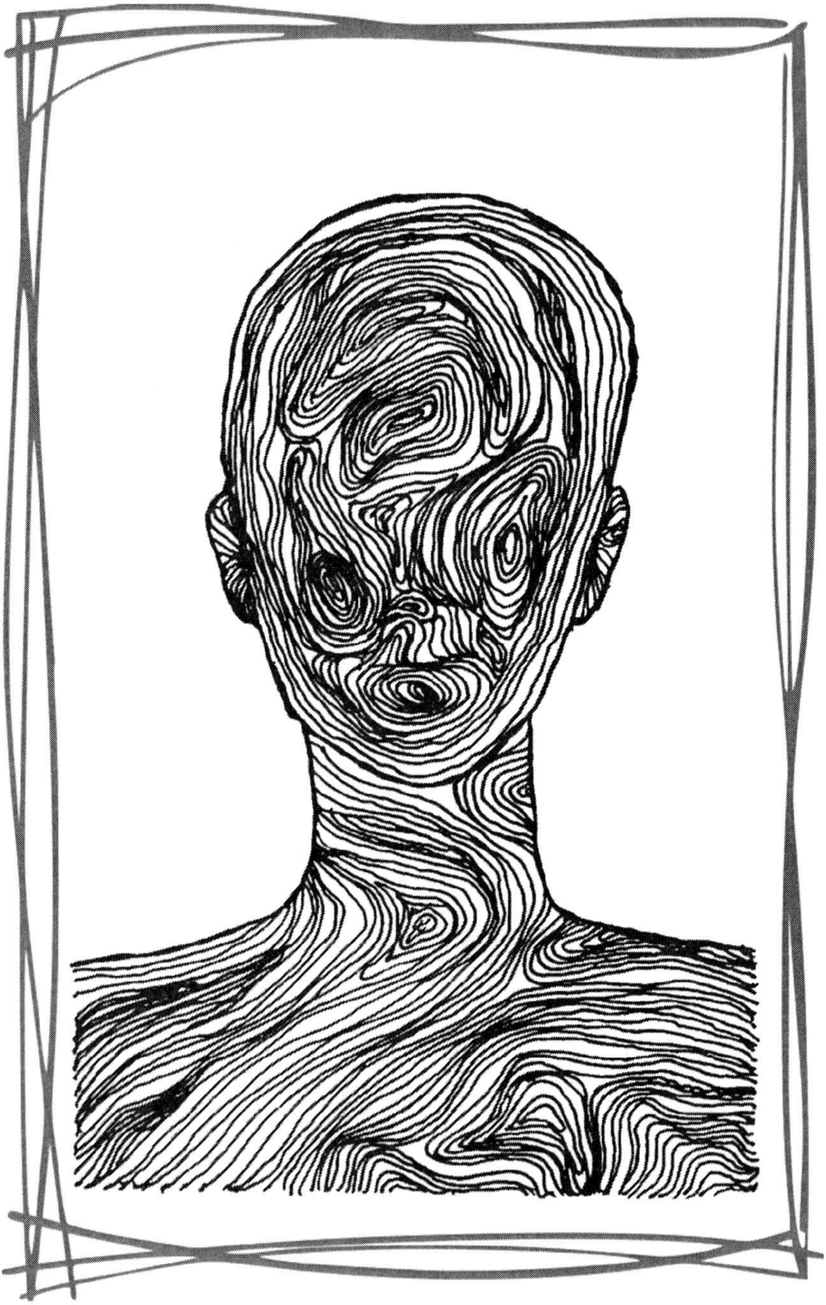

# ईमान

सच है,
वास्तव में सच है,
कि,
दुनिया बदल गई,
देखते,
हर क़दम पे देखते,
हर कहीं है,
मेला ये कलयुगी,
कहीं भी,
ईमान नहीं है,
हैवान हैं,
पर इंसान नहीं है,
क्योंकि,
छल कपट भरा है,
दिल में,
चाय के कप पर,
गरमाती दोस्ती,
सिगरेट के धुएँ सी,
हमदर्दी,
मैनर्स के 'मेकअप' में,
छुपे इरादे,
कोई जाने कैसे।

Meenal

# जय महावीर

जय महावीर, जय महावीर॥
भक्तों के तुम रखवारे,
दुखियों के प्रेम प्यारे।
तुम सा नहीं कोई कर्मवीर,
जय महावीर, जय महावीर॥

समता का तुमने पाठ दिया,
मुक्ति का तुमने मार्ग दिया।
तुम हरते मन की पीर,
जय महावीर, जय महावीर॥

जग में वाणी शेष रही,
वर्णित आवृति अवशेष रही।
तुम थे पुण्यों के नीर,
जय महावीर, जय महावीर॥

तुम से हमने जो जल पाया,
जीवन को उससे नहलाया।
तुम श्वासों के शुद्ध समीर,
जय महावीर, जय महावीर॥

# मुझसे मत पूछ

मुझसे मत पूछ मेरा हाले-दिल वफ़ा अब तू,
मेरी बर्बाद मुहब्बत की सितमगर तू है,
तेरे सौग़ात के भड़कते हुए शोलों की तरह,
दिल की धड़कन में है हर ज़ुल्म का साया तू है।

मुझको परवाह नहीं मंज़िलें मैं पा न सका,
वो भटकते न हो अनजान किन्हीं राहों में,
उनके हालातों के ग़म में कहीं दम तोड़ न दूँ,
ज़िक्र के क़ाबिल न रहूँगा कहीं दीवानों में,
फ़ासले तूने भी देखे हैं बेख़बर तू है।

मुझसे मत पूछ मेरा हाले-दिल वफ़ा अब तू,
मेरी बर्बाद मुहब्बत की सितमगर तू ही है।

तेरी ख़्वाहिश ने जला डाली है दुनिया मेरी,
अशियाँ जल गया होली जली अरमानों की,
कितनी ज़ालिम है तेरी महफ़िल ये वफ़ा बता,
दिल की हर आरज़ू साय में तेरे क़ब्र बनी,
निगाह तेरी क़यामत है बे-रहम तू है।

मुझसे मत पूछ मेरा हाले-दिल वफ़ा अब तू,
मेरी बर्बाद मुहब्बत की सितमगर तू है।

Meenal

गीत

# बिना तुम्हारे

बिना तुम्हारे अब हमसे नहीं रहा जाता,
ये रोज़-रोज़ का ग़म हमसे सहा नहीं जाता।

बेख़ुदी में भी तुम्हें हमसे भुलाया न गया,
तमाम उम्र तेरी याद का साया न गया,
एक मजमा सा हादसों का रहा मेरे क़रीब,
होगा न कोई दुनिया में मुझ जैसा बदनसीब,

ज़िक्र इस हाल का हमसे नहीं किया जाता,
बिना तुम्हारे अब हमसे नहीं रहा जाता,
ये रोज़-रोज़ का ग़म हमसे सहा नहीं जाता।

ख़ता जो थी तो क़रीब आ के कह दिया होता,
सितारा इश्क़ का न गर्दिश में रहा होता,
ख़ाक बनकर न यूँ अरमान रह गये होते,
लबों पे नाम के न यूँ ज़ख़्म इस तरह ढोते,

इस तरह रोज़ ही जलना नहीं सहा जाता,
बिना तुम्हारे अब हमसे नहीं रहा जाता,
ये रोज़-रोज़ का ग़म हमसे सहा नहीं जाता।

कितना मजबूर हो गया है दिल वफ़ा के लिए,
हाथ तक उठते नहीं हैं तेरी दुआ के लिए
मिल गये होते तो दिल को क़रार आ जाता,
सामने आते तो मंज़र पे तरस आ जाता,

ये दर्द-ओ-ग़म का ज़हर अब पिया नहीं जाता,
बिना तुम्हारे अब हमसे नहीं रहा जाता,
ये रोज़-रोज़ का ग़म हमसे सहा नहीं जाता।

# तुम बिन

तुम बिन ये जीवन के दिन ऐसे बीते हैं।
जैसे पनघट पर घट पानी बिन रीते हैं॥

फूलों में गंध नहीं रंग नहीं पातों में,
गलियों को मोह नहीं आँगन की बातों में,
पुरवाई शूलों सी कोलाहल चुभता है,
पिछवाड़े का पीपल देख-देख हँसता है।

सपने अधमरे मीत मरे नहीं जीते हैं,
जैसे पनघट पर घट पानी बिन रीते हैं,
तुम बिन ये जीवन के दिन ऐसे बीते हैं।

सहने की सीमा तक सहता ही आया हूँ,
तुम में ही धारा सा बहता मैं आया हूँ,
तुमसे मैं अलग नहीं मुझसे तुम अलग नहीं,
जैसे आवाज मीत शब्दों से विलग नहीं।

तुम हम दोनों प्रियतम एक साँस पीते हैं,
जैसे पनघट पर घट पानी बिन रीते हैं,
तुम बिन ये जीवन के दिन ऐसे बीते हैं।

जाने किन श्रापों का फल है तुम पास नहीं,
जाने क्यों मन में तेरे मुझ जैसी प्यास नहीं,
किन्तु नहीं झूठा है मेरा यह आकर्षण,
टूट नहीं सकते ये पावन मन के दर्पण।

सदा मेरे घावों को भाव तेरे सीते हैं,
जैसे पनघट पर घट पानी बिन रीते हैं।

तुम बिन ये जीवन के दिन ऐसे बीते हैं।
जैसे पनघट पर घट पानी बिन रीते हैं॥

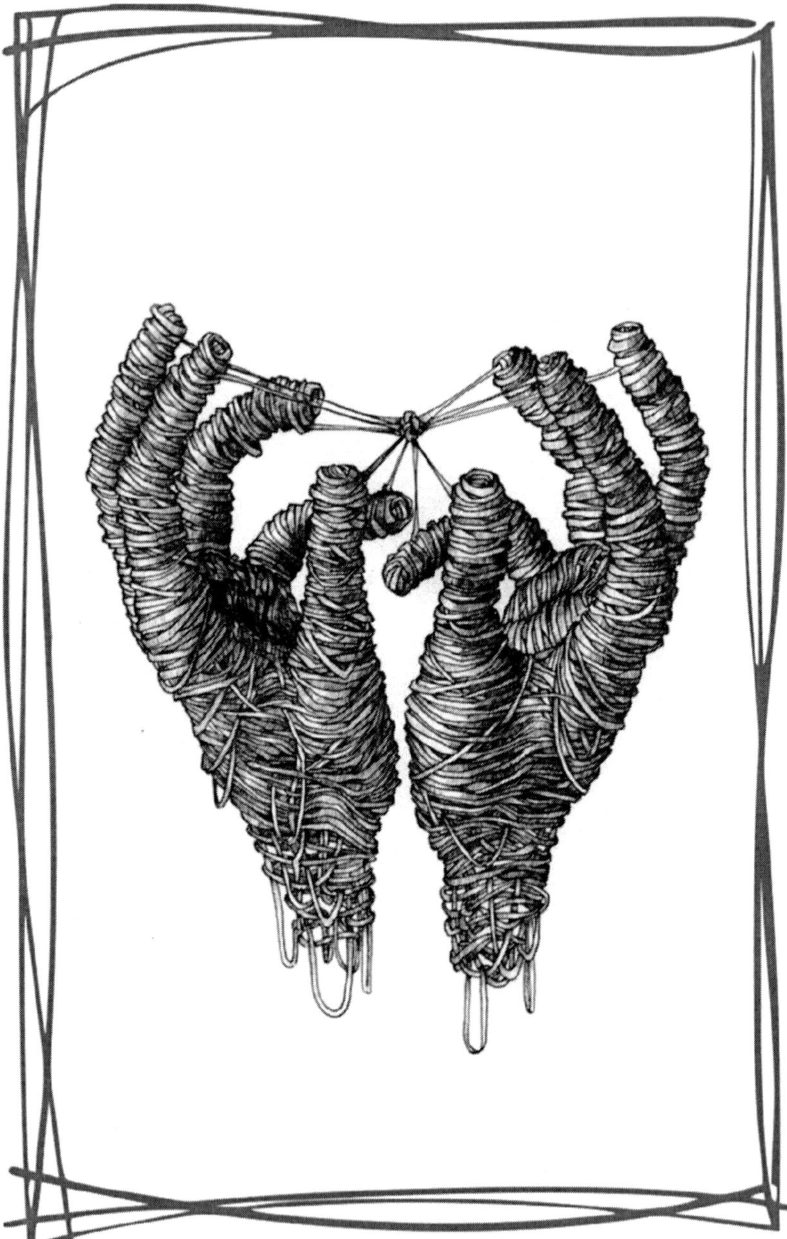

# शोलों से मत झुलसाओ

बंद करो यह भाषण बाजी जनता को मत बहलाओ।
गाँधी नेहरू के सपनों को शोलों से मत झुलसाओ॥

बहुत हो चुकी झूठी बातें छल प्रपंच के मेले,
जहाँ तुम्हारी करतूतों ने खेल अनूठे खेले,
सब्ज़ बाग़ के महल हवाई खादी का आडम्बर,
रहे चूसते रक्त देश का ओढ़े तुम वागम्बर,
अरे रहनुमाओ गाँधी को आँसू से मत नहलाओ,
बंद करो यह भाषण बाजी जनता को मत बहलाओ।
गाँधी नेहरू के सपनों को शोलों से मत झुलसाओ॥

बीस वर्ष के बाद अभी भी भारत सूखा रहता है,
यौवन की तो बातें छोड़ो बचपन रूखा रहता है,
असंतोष बेकारी और भुखमरी तुम्हें नहीं दिखती,
गली-गली चौराहों पर सावित्री सीताएँ बिकती,
ओ समाज के ठेकेदारो इस उन्नति से शरमाओ,
बंद करो यह भाषण बाजी, जनता को मत बहलाओ।
गाँधी नेहरू के सपनों को शोलों से मत झुलसाओ॥

कितने ही विवाद हैं जिनको तुमने अपने लिए रचे हैं,
सच्चाई के लिए लड़े जो राजनीति से नहीं बचे हैं,
माँ हिन्दी को माँ कहने के लिये नहीं तुम आगे आये,
जिनसे कुर्सी रहे सुरक्षित मसले तुम वैसे ही लाये,
उद्‌घाटन, आश्वासन से अंधियारे को मत चमकाओ,
बंद करो यह भाषणबाजी जनता को मन बहलाओ।
गाँधी नेहरू के सपनों को शोलों से मत झुलसाओ॥

# अपमानित मन

अपमानित हो गया अगर मन,
प्रणय पुष्प कुम्हला जायेगा,
जिसको सींचा हम दोनों ने,
विरह उसे झुलसा जायेगा।

चिर निंद्रा में सुप्त हृदय था,
और भावनाएं क्वारी थीं,
जाने किस वातायन से तुम,
छिटके छटा अजब न्यारी थी।

रूठ गई अभिलाषाएँ जो,
उनका धैर्य पिघल जायेगा,
अपमानित हो गया अगर मन,
प्रणय पुष्प कुम्हला जायेगा।

पलकें उघरी जब प्रातः की,
रक्तिम वेश धरे तुम आई,
किरणों की पायल झनकाती,
सौरभ कोप लुटाती आई।

आँचल अगर छुड़ाया तुमने,
बदन नेह का जल जायेगा,
अपमानित हो गया अगर मन,
प्रणय पुष्प कुम्हला जायेगा।

जिसको सींचा हम दोनों ने,
विरह उसे झुलसा जायेगा।

# आस्थाओं की देह

छिड़क रहा है काम नयन से,
अंगारे सुख की धरती पर,
लोट रहा है दैत्य प्रलय का,
आकाशी मन की अर्थी पर।

गड़ा हुआ है पानी सा स्नेह कहाँ,
नभ से टूटे तारे सा विश्वास है,
झुलस गई है आस्थाओं की देह जहाँ,
चिता सजाए पथ में बैठी प्यास है।

निरुद्देश्य जीवन की बहती नाव,
दृष्टि हीन माँझी सा मन का धीर,
रिसते हुए फफोले गति के पाँव,
क्रन्दन करते लक्ष, बहाते नीर।

दूर-दूर तक फैला है संत्रास,
काँटों का बिखराव व्यथा के चित्र,
ज़हर बुझा लगता है अब मधुमास,
सूली से टंग गये सत्य के मित्र।

उद्वेलित, विच्छिप्त प्रगति के प्राण,
नैतिकता को भोग रहे भोगी अभिनय,
मूर्छित है देवता चुभे हैं बाण,
शिथिल हो गये संकल्पों के तन अतिशय।

# आषाढ़ के बादल

घिर आये अषाढ़ के बादल पाहुन कजरारे आये हैं,
गंगा जल बरसाने नभ से मतवारे पागल आये हैं।

पीड़ित था वातास तृप्त थी धरती और दिशाएँ
झुलस रही थी कोलाहल की व्याकुल सभी ऋचाएँ,
जाने कहाँ सुलगकर पुरवा सोई थी खोहों में,
हरियाली लुट गई थी पल भर के निष्ठुर मोहों में,
प्यास बुझाने तनमन की नयना रतनारे आये हैं।

घिर आये अषाढ़ के बादल पाहुन कजरारे आये हैं,
गंगा जल बरसाने नभ से मतवारे पागल आये हैं।

# घिर आए

लो घिर आये फिर से आषाढ़ के बादल,
फिर लगा बरसने आज नयन का काजल।

फिर से पसीजने लगी देह अम्बर की,
प्रस्वेद बरसने लगा धरा के ऊपर,
रह-रह जल उठती दबी आग खप्पर की,
अब साँय-साँय के सिवा नहीं कोई स्वर।

किसने कर दिया आज कोलाहल घायल,
लो घिर आये फिर से अषाढ़ के बादल,
फिर लगा बरसने आज नयन का काजल।

मतवाले हुए ताल, झीलें और सागर,
उमड़-घुमड़ बहता नदियों में पानी,
मौसम ने भर दी आज श्रृष्टि की गागर,
प्यासे अधरों ने आज तृप्ति पहचानी।

तुम क्यों मौन खड़ी हो आओ हो लें पागल,
लो घिर आये फिर से अषाढ़ के बादल,
फिर लगा बरसने आज नयन का काजल।

# हृदय की आग

क्या फ़ायदा है दिल को फिर से कहीं लगाऊँ,
बुझ कर जो जल न पाई उसे आज फिर जलाऊँ।

देखा है मैंने मंज़र अपने ख़ुलूसे-दिल का,
तब क्यों दुबारा फिर से उसको कहीं लगाऊँ,
क्या फ़ायदा है दिल को फिर से कहीं लगाऊँ,
बुझ कर जो जल न पाई उसे आज फिर जलाऊँ।

साहिल का क्या भरोसा मंज़िल है बेवफ़ाई,
ग़ैरों से हैं किनारे क्यों आरज़ू डुबाऊँ,
क्या फ़ायदा है दिल को फिर से कहीं लगाऊँ,
बुझ कर जो जल न पाई उसे आज फिर जलाऊँ।

अश्कों के इस मुहिम में शोले हैं सिर्फ़ शोले,
बेक़ायदा लुटा हूँ कैसे ये भूल जाऊँ,
क्या फ़ायदा है दिल को फिर से कहीं लगाऊँ,
बुझ कर जो जल न पाई उसे आज फिर जलाऊँ।

ख़ामोश ही रहने दे साक़ी न छेड़ मुझको,
सब ख़ाक हो चुका है अब और क्या जलाऊँ,
क्या फ़ायदा है दिल को फिर से कहीं लगाऊँ,
बुझ कर जो जल न पाई उसे आज फिर जलाऊँ।

# जीवन तुम्हें पुकारे

तुम जिसको ढूँढ़ते हो वह पास है तुम्हारे,
पलकें हृदय की खोलो जीवन तुम्हें पुकारे।

जो कुछ भी सामने है छलने का है बहाना,
लपटों ने इसकी सीखा है भोग में जलाना,
आकर्षणों में इसके मिटना है सिर्फ़ मिटना,
तम की सघन निशा में घुट-घुट के रोज़ बुझना।

जो इसमें तैरते हैं पाते नहीं किनारे,
तुम जिसको ढूँढ़ते हो वह पास है तुम्हारे,
पलकें हृदय की खोलो जीवन तुम्हें पुकारे।

देखो तो आत्मा को परखो तो आत्मा को,
पहचानो सत्य का घर निरखो तुम आत्मा को,
जिस दिन तुम्हें दिखेगा परमात्मा हृदय में,
सब कुछ तुम्हें मिलेगा इस सत्य के प्रणय में।

स्वागत करेंगे तेरा तब चाँद और सितारे,
तुम जिसको ढूँढ़ते हो वह पास है तुम्हारे,
पलकें हृदय की खोलो जीवन तुम्हें पुकारे।

Meenal

# ईसा की तरह

सुनो!
भीड़ में तुम मेरी आवाज नहीं सुन सकते,
और मैं तुम्हारी।
इसलिए कि भीड़ का कोलाहल
अपनी सुनाता है।
और जो अभाव आदिम के हैं,
उन्हें ही दुहराता है।
इसलिए तुम और मैं,
पारदर्शी दृष्टि रखते हैं।
दोनों की साँसों में एक
ही हृदय के स्पंदन बहते हैं।
बेहतर है, हम जैसे हैं,
वैसे ही कलुषता के तम से लड़ें।
और भले ही हमें इस
संघर्ष के लिए
ईसा की तरह
क्यों न सूली पर लटकना पड़े,
हम शाश्वत सत्य के
चिरंतन युद्ध में,
अपने सम्पूर्ण मौलिक परिवेश
तोड़ कर,
सत्य को पा लेंगे।

Meenal

# हमारी प्रगति

आज का हर उच्चारण,
अवकेशी है।
स्वर वीरान कन्दराओं में,
कराहती निर्मूल गहराइयों से,
बेजान अवचेतना हीन,
अँधेरा ओढ़े,
पहाड़ों से लुढ़के हुए पत्थरों की तरह पड़े हैं।
अर्थ,
प्रबुद्ध विश्वासघातों के काँधों पर,
किसी शस्त्र की तरह रखे हैं।
वातावरण को जैसे,
पक्षाघाती, संदर्भों की
अदालत में जन्म क़ैद की सज़ा
सुना दी गई है।
और सत्य कब का
राजद्रोही सा निष्कासित कर दिया गया है।
यह है हमारी प्रगति।

# मानव का यंत्रीकरण

कैसा कोलाहल है,
शोर है शराबा है,
कोई भी स्वर स्पष्ट नहीं है,
कोई ऐसी जगह नहीं है,
जहाँ कष्ट नहीं है,
यंत्रों के यंत्रीकरण की
निष्ठुर विभीषकाओं ने
विचारों के कोमल
वातावरण को दबा दिया,
है अपने धुएँ से।
यह धुआँ चेतना की
साँसों में समाकर,
कार्बन डाइआक्साइड सा
भर गया है।
लगता है हम सब
लुटे हुए
टूटे मंदिर है; गिरी हुई मस्जिदें हैं,
और तपते मरुस्थल की रेत में
खड़े सूने गिरजे हैं।

# तुम

‘तुम’ मेरे भाग्य की
असमझी रेखा हो।
तुम्हें, तुम्हारे सिवा मैंने,
आज तक कभी देखा हो।
यह असंभव है
तुम्हारे अभाव में
कोई आये नहीं, सम्भव है
इसलिए कि तुम
अतीत के ख़ज़ाने पर,
सर्प-सी कुंडली मारे।
बैठे हो
अंतः करण के झुलसते,
मनोबल एवं संयम
और धरती पर दोपहर।
की तरह लेटे हो,
यह एक राज की बात है।
सोचता हूँ आज मेरी आख़िरी रात है
मुक्त हो जाऊँगा,
तमाम उन साँसों के पन्नों से,
जो फ़ाइल में तुम्हारी मुहर लगे
बिना सब्जेक्ट के।
समर्पित करने के लिए शेष हैं
पर सच मानो उनमें।
तुम्हारे ऑब्जेक्ट विशेष हैं
लेकिन जब पूरब में,
सुबह आग लगती है।
लांछनाओं, ताड़नाओं,

Meenal

के बहुत सी पिनें गड़ती हैं
मैं नहीं मरता,
कोई कहता है
उठ....हिसाब चुका।
भला कोई यूँ ही मौन
बहता है?
और फिर मैं नहीं जाने
क्या-क्या बोलता हूँ
इस तरह दिन भर,
संभावनाओं की,
खिड़कियाँ खोलता हूँ।

# यादों के बादल

परदेशी बादल बरस गये और भींग गई
भोली बदली,
ऐसे में साजन अन्तर के नभ में ये,
उमड़-घुमड़ कजरारे यादों के, बादल आये।

मन तरस गया बाँहें सूखी,
रीते ही सब रह गये,
सबके सब संकल्प घट,
बिना पानी के ही तट के ऊपर के
तरु न जाने कब समूल बह गये।

भर गया ग्रहण आयामों पर सूनी,
सड़कों सी हुई दृष्टि,
पीयूष बरसना था प्राणों के तल पर,
पर सघन हुई हुई है धुआँधार,
ज़हरीले तम की वृष्टि।

उठते तो हैं अब भी ख़याल पर,
जाने क्यों देखा मैंने घायल आये,
उमड़ घुमड़ कजरारे यादों के बादल आये।

कितने ही दिन ऐसे बीते,
जिनकी धूप की चूड़ियाँ
घूँघट उठते ही फूट गई।

कितनी ही शामों ने,
आत्म हत्या कर ली,
और रातें
लबालब भरी आँखों में डूब गई,
पर अनवरत प्रतीक्षा के बाद भी
तुम न आए,
यादों के बादल आये।

Meenal

# शेर

मेरा प्यार गर तेरी उम्मीदें समझ सकता,
तो हालात आज मेरे इस तरह बिगड़े नहीं होते।

* * *

गर्दिश-ए-दौराँ तबाही का असर तो देखो,
आज तक उनसे मुलाक़ात नहीं हो पाई।

Meenal

# मुक्तक

हम तो तदबीर को लाशों को ढोये जाते हैं,
अपनी तक़दीर में ग़म ख़ुद ही बोये जाते हैं।
इतने ख़ुशहाल हैं हम पा के आज़ादी का सुकूँ,
पहले ख़ामोश थे अब खुल के रोये जाते हैं।

***

जो मुसीबत में काम आए वही साथी है,
जिसमें इंसानियत हो वही पूज्य जाति है।
लाख तूफ़ान उठें अँधेरे के सागर में,
मौज-ए-कश्ती में जो मुस्काए वही छाती है।

***

रूप की गंध को जीवन का लक्ष्य मत समझो,
भोग के बिम्ब को दर्पण का भक्ष मत समझो।
सत्य तो आत्मा के गाँव का सिपाही है,
स्वार्थ में सत्य को पापों का शस्त्र मत समझो।

तुमने मेरी ज़िन्दगी की आँख का काजल चुराया,
रफ़्ता-रफ़्ता मयकदे के रिन्द सा पागल बनाया।
आज लेकिन फ़ख़्र है 'चंचल' कि तू काफ़िर नहीं है,
भला हो उनका कि जिनने दर्द के क़ाबिल बनाया।

***

याद में उनकी हम पलकें बिछाये रहते हैं,
जो भी उनने दिया दिल से लगाये रहते हैं।
वो कभी लौट के आयेंगे, ज़रूर आयेंगे,
इसलिए बस ये ज़माना भुलाये रहते हैं।

***

हर एक भोर से ज़िन्दगी शुरू होती है,
हर एक दोपहर ज़िन्दगी के ग़म ढोती है।
हर एक शाम पापों के साए में ढलती है,
हर एक रात ज़िन्दगी मौत की नींद सोती है।

Meenal

बहुत भोगा है हमने भोगों को,
अब भोग ही हमको भोग रहे।
कंचन-सी काया को खोकर,
बैठे हम भाग्य को कोस रहे।

* * *

सराए-ज़िन्दगी का सफ़र पहचाना सा लगता है,
मुझे हर लम्हा साकी एक मयख़ाना सा लगता है।
पिला दे आज मय इतनी कि सब कुछ भूल सा जाऊँ,
यहाँ तो बुत भी साक़ी तेरा दीवाना सा लगता है।

* * *

कली अच्छी नहीं लगती चमन देखा नहीं जाता,
उनको ग़ैर की बाँहों में अब देखा नहीं जाता।
भले मैं ख़ाक हो जाऊँ इरादों में मुहब्बत के,
लगाया जिसको ओंठों से उसे फेंका नहीं जाता।

Meenal
2nd sept '09

कोमल हृदय की कली खिलती हुई मालूम होती है,
लता अनुराग की बढ़ती हुई मालूम होती है।
जब नयनों का नयनों से मिलन होता है एकाकी,
अमावस भी मुझे तब पूर्णिमा मालूम होती है।

* * *

पहाड़ों को हिलाकर पत्थरों को मोम कर देना,
अहम के दानवों को दृष्टि से ही होम कर देना।
तुम्हें ही प्राप्त थे ये शस्त्र पुण्यों के महा साधु,
तुम्हें ही आ सका था दुश्मनों से प्रेम कर लेना।

* * *

जिसमें भावना नहीं होती वह हृदय नहीं कहलाता है,
जिसमें शृंगार नहीं होता वह प्रणय नहीं कहलाता है।
जीवन की आपा-धापी में दुख-सुख दोनों आवश्यक हैं,
वरदानों का प्रत्यूष श्राप से ही पावन कहलाता है।

चाँद के मुख को चूमते हैं घटाओं के अधर,
और गहराने लगी चाँदनी की सुर्ख भँवर।
गोरी लहरों सी काँपती है शर्म गालों पर,
न जाने किस पे गिरे आज ये अंदाज़े-नज़र।

* * *

कहीं ज़रूर बरसती है इनायत तेरी,
कोई ज़रूर तेरे गीत गुनगुनाता है।
आपके शौक़ को शायद वो ज़िन्दगी समझे,
अपने दिल साज पे सरगम-सा झनझनाता है।

* * *

मैं बाँसुरी हूँ, अधर आपके बजाते हैं,
मुझको काजल-सा आपके नयन सजाते हैं।
बंद पलकों में मुझे मोतियों सा जप्त किये,
आप हर रोज़ मेरी क़ीमतें बढ़ाते हैं।

Meenal

धरती है उज्ज्वल, उज्ज्वल आकाश खड़ा है,
और तुमसे मेरे मीत, पूर्ण वाताष मढ़ा है।
तुम ऐसे महके मेरे मन की बगिया में,
कि पीने को सुगंध, द्वार पर मधुमास खड़ा है।

* * *

कौन कहता है ताजमहल सिर्फ़ एक है,
सैकड़ों ताज हैं उल्फत की रहनुमाई के।
क्या ज़माने में बादशाह सिर्फ़ आशिक़ था,
ज़ख़्मी जितने हैं सभी ताज हैं जुदाई के।

* * *

तुम इनायत अगर करो तो, मज़ा आ जाये,
तुम ख़िलाफ़त अगर करो तो, क़ज़ा आ जाये।
जिससे सीखा है मैंने ग़म के ज़हर को पीना,
वो बग़ावत भी गर करे तो, मज़ा आ जाये।

Meenal

दाग़ दुनिया को दिखाने से फ़ायदा क्या है,
तुझ पे इल्ज़ाम लगाने से फ़ायदा क्या है।
जिसकी तस्वीर बनाई है मैंने हसरत से,
उसको नजरों से गिराने से फ़ायदा क्या है।

* * *

मेरे अश्कों से छलकते हैं तेरे दैरो सितम
मेरी आहों के लबों पर है नाम तेरा सनम।
देख कर मेरे ये हालात तबाही के कभी,
तुमको आया नहीं मैयत पे मेरी कोई रहम।

* * *

जाने क्या बात है वो सामने नहीं आते हैं,
नग्म-ए-इश्क़ को दिल साज़ पर नहीं गाते हैं।
एक वो हैं कि जो हमको भुलाए बैठे हैं,
एक हम हैं कि जो सर को झुकाए जाते हैं।

हाय ये शरबती आँखों से छलकती मस्ती,
जैसे सागर की जवानी पे मचलती कश्ती।
यूँ न खुल जाएँ कहीं ज़ुल्फ़ फ़लक दिखने दो,
शोख़ तारों सी चमकती है अदा की मस्ती।

* * *

मैं जहाँ हूँ वो ज़माने से अलग है दुनिया,
दास्ताँ मेरी ग़ुबारों से भरी है दुनिया।
ज़ख़्म इतने हैं कि बस ज़ख़्म हैं कुछ और नहीं,
सच तो ये है कि उनकी यादगार है दुनिया।

* * *

बरसते अब्र और बहता हुआ ठंडा पानी,
फ़लक के अश्क भी करने लगे हैं नादानी।
क्या फ़ायदा है ज़माने को अश्क दिखलाकर,
तूने शायद जहाँ की रस्म नहीं पहचानी।

वक़्त की चोट को सहना बहुत आसान नहीं,
दुख से परिचित न हो कोई ऐसा इंसान नहीं।
पत्थरों तक को घोल देती हैं जल की लहरें,
हमारे देश में गाँधी सा अब ईमान नहीं।

* * *

तेरी महफ़िल से जबसे लौट कर मैं आया हूँ,
एक टूटे हुए पैमाने से हालात लिये।
बाद मेरी फ़ना के लोग नहीं जायेंगे,
किसी महफ़िल में टूटने नये जज़्बात लिए।

* * *

ऐ अंधेरे का कफ़न ओढ़कर सोने वालो,
वतन की ज़िन्दगी में अश्क को बोने वालो।
उठो मशाल जला दो कि रौशनी छिटके,
हँसो ये ज़िन्दगी सस्ती नहीं रोने वालो।

कब तलक यूँ ही हमारा देश भिक्षाटन करेगा,
और विध्वंसक अकाली दैत्य सिंहासन वरेगा।
जब तलक हम शोषकों के हाथ के नीचे रहेंगे,
नित्य ही यह भूख का दानव उद्घाटन करेगा।

* * *

पूरब हो या पश्चिम उत्तर हो या दक्षिण,
सबका देश एक है, हम हैं केवल भारतवासी।
धर्मों के विभिन्न गुलदस्ते की ख़ुशबू तो एक है,
चाहे वह अमृतसर हो या मक्का, या पावन कासी।

* * *

दूसरों के चेहरों के दाग़ निहारने वालों,
अपने आंचल के दाग़ देख लो तो अच्छा हो।
ग़ैर के हश्र पर ताली बजा हँसने वालो,
समय के दौर से कुछ सीख लो तो अच्छा हो।

गरल जितना पिलाया तुमने मेरे भावुक प्राण को,
उतना ही यशगान मिला है मेरे गीत पुराण को।
संघर्षों को इसी लिए मैंने अपनी मंज़िल मानी,
रोज़ पूजता हूँ इंसानों में रहते भगवान को।

* * *

कैसा रोना है ये तक़दीर का, क्यों रोते हो यारो,
इक तक़दीर से दूसरी तक़दीर नहीं मिलती यारो।
गर कुछ ग़ैरत में रहने के आदी हो तो,
इस तक़दीर को तदबीर में बदल दो यारो।

1961: Winner of Kabaddi Tournament

1961: Kabaddi Tournament

1962: Kalaniketan School Technical Exhibition

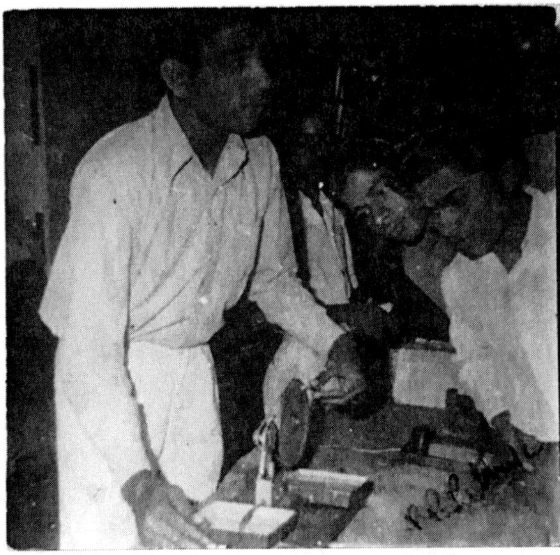

1962: Kalaniketan School Technical Exhibition

1963: Sports Day

1963: Sports Day

1963-64: 1500 m Mile Race

1963-64: Rilley Race

1964: Winner of Kabaddi Tournament

1967: Before Marriage

1968: During Marriage

1972: Picnic with friends at Tilwara Ghat, Jabalpur

1974: Theatre Play Title'Karz'

1974: Theatre Play Title'Karz'

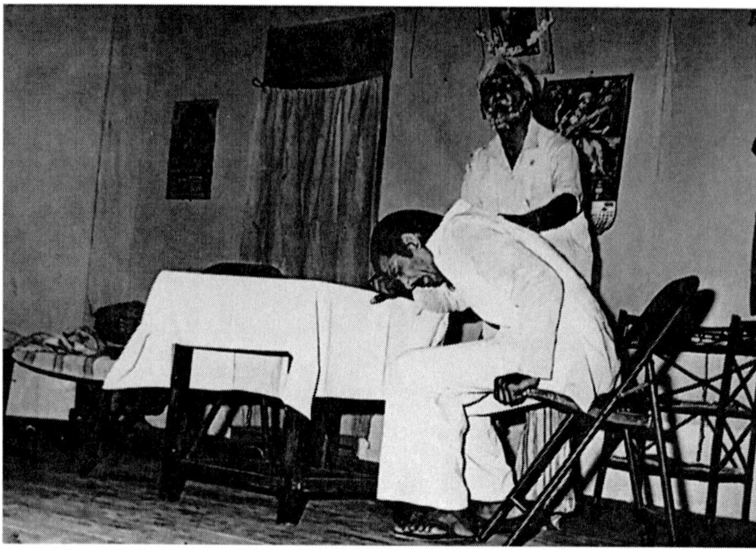

A Theatre Play

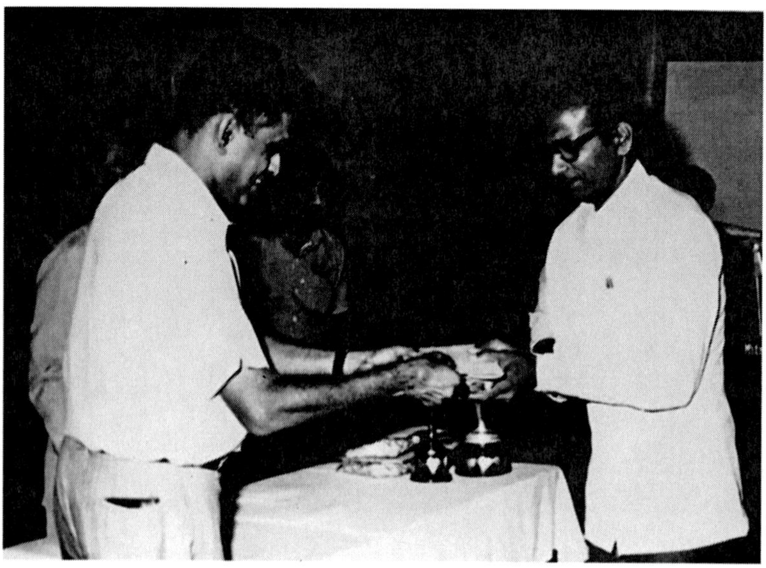

1985: An award during service in Ordnance Factory Khamaria(OFK), Jabalpur

2009: First Car

2014: 69th Birthday (SMR Vinay Hi-Lands,
Hyderabad)

2018: 73th Birthday (SMR Vinay Hi-Lands, Hyderabad)

2022: 77th Birthday (SMR Vinay Hi-Lands, Hyderabad)

SMR Friends (SMR Vinay Hi-Lands, Hyderabad)

SMR Friends (SMR Vinay Hi-Lands, Hyderabad)

2022: NMDC10K Marathon (Hyderabad)

2022: Freedom 10K Marathon (Hyderabad)

2024: Sandhya10K Marathon (Vizag)

2025: GMR Airport 5K Marathon (Hyderabad)